BEI GRIN MACHT SICH IHR WISSEN BEZAHLT

- Wir veröffentlichen Ihre Hausarbeit, Bachelor- und Masterarbeit

- Ihr eigenes eBook und Buch - weltweit in allen wichtigen Shops

- Verdienen Sie an jedem Verkauf

Jetzt bei www.GRIN.com hochladen und kostenlos publizieren

Elisabeth von Heyking

Unter blühenden Mangobäumen

GRIN Verlag

Bibliografische Information der Deutschen Nationalbibliothek:

Die Deutsche Bibliothek verzeichnet diese Publikation in der Deutschen National-
bibliografie; detaillierte bibliografische Daten sind im Internet über http://dnb.d-
nb.de/ abrufbar.

Impressum:

Copyright © 2008 GRIN Verlag GmbH
Druck und Bindung: Books on Demand GmbH, Norderstedt Germany
ISBN: 978-3-640-22771-6

Dieses Buch bei GRIN:

http://www.grin.com/de/e-book/119603/unter-bluehenden-mangobaeumen

Elisabeth von Heyking

Unter blühenden Mangobäumen

[erstmalig erschienen 1921]

Bildnis der Verfasserin nach einem Gemalde von Fritz Rhein

Unter blühenden Mangobäumen

Als die Mangobäume blühten, wandelte die fremde nordische Königin durch die alten Gärten. Schwarzäugige Dienerinnen folgten ihr langsamen Schrittes auf den schattigen Wegen. Schleppend und weich waren die Bewegungen dieser Töchter der Tropen.

An den grünen, trägen Wassern, die in Marmorbecken schlummern, schritt die Königin vorüber. Vorüber an den Reihen grauer, verwitterter Vasen, in denen, an hohen Stengeln, Tigerlilien die weißen, schwarzgefleckten Kelche öffnen. Wildes tropisches Gerank schlang sich um moosbewachsene Postamente, zog sich liebkosend empor an den steinernen Gliedern alter Göttergebilde, hielt eilende Nymphengestalt mit grünen Fesseln gefangen, warf keck um die Stirn des Fauns einen Kranz tiefvioletter Glocken. - Des späten Nachmittags Glut lag über den Garten gebreitet. Unter dem dichten Gezweig der Mangobäume brütete die Hitze, reifend des Kaffees Zwillingskörner in den kleinen, rötlichen Kapseln. Nicht der leiseste Hauch bewegte die duftbeladenen Lüfte, regungslos hingen die blanken Blätter. Stille überall. Nur die allerkleinsten der buntgefiederten Kolibris schossen surrend umher, wie Saphir und Smaragd schimmerten sie im grellen Sonnenglanze, tauchten dann unter in die geheimnisvoll lockende Tiefe des Dickichts, schlüpften wonnetrunken in den purpurnen Schoß der flammenden Ibiskus.

Doch die Königin achtete nicht der Blumen, die ihr am Wege erblühten, schaute nicht auf zum lichtdurchflimmerten Himmel, nicht zu den Blätterkronen und den bräunlichen Dolden, die die ragenden Palmenstämme tragen. In sich gekehrt war ihr Blick, sah nur die Welt eigenster Wünsche und Sorgen.

Von fernem, nordischem Heimatsgestade war sie mit dem König gekommen, gerufen, über dies heiße, wogenumschäumte Eiland zu herrschen. Kalt und streng war der Königin Antlitz, doch in ihr loderten Kampfeslust und Schaffensdrang gleich flackernden Flammen, und dies neue Reich sah sie an als ein ihr geschenktes Feld, daran sich zu betätigen heiliger Ruf sei. Zu herben Tugenden, die rauheren Himmelsstrichen entstammen, wollte sie die neuen sorglosen Untertanen erziehen, bis ein ganzes Volk das Gepräge ihrer eigenen Willensstärke trüge, und sich die träge, stumpfe Masse in die Gesetze und Sitten fügte, die ihr selbst alter Glaube und graue Überlieferung als heilig lehrten. Während andere Nordländer in der tropischen Glut ermatteten, an den leichten Freuden des Daseins die stählerne Kraft vergeudeten und fremdes Siechtum entnervend sich durch ihre Adern schlich, war es, als ob die südliche Sonne in der Königin Herz an jedem neuen Morgen neue Feuer des Wollens entfache. Jeder einzelne Nerv in ihr schien zu erzittern, gespannt bis zu äußerstem Vermögen, als sollten ihre Kräfte sich ins Unendliche steigern, um auszureichen, wo die eines Andern versagten. Und diese Überreiztheit des Tatendranges war auch eine Form der verzehrenden Krankheit, die die Nordländer befällt, wenn sie, im ungleichen Kampfe gegen die geistlähmende tropische Sonne, eigenes Wesen behaupten wollen.

Noch nicht lange weilten der König und die Königin in ihrem neuen Reiche, doch schon waren Unzufriedenheit und Haß gegen die fremde Herrschaft erwacht, und es mehrte sich täglich die Kunde von Aufständen, die an verschiedenen Punkten der Insel ausgebrochen seien. Aus benachbarten freien Ländern, die alles königliche Regiment haßten, erhielten die Aufrührer schon heimliche Unterstützung, und es hieß, daß ihnen von dort bald offen Hilfe geleistet werden würde.

Eben jetzt saß der König in der Versammlung der Alten, zu beraten, was zu tun sei, um die dem neuen Throne drohende Gefahr abzuwenden. Stürmisch hatte die Königin verlangt, an dem Rate teilzunehmen, doch dies widersprach zu sehr den alten Gebräuchen des Landes, in dem die Frauen abgeschlossen ihr Dasein verträumten. Solche Sitten abzuändern, würde eine ihrer ersten Sorgen sein, dachte die Königin unwillig, während sie, umgeben von ihren Dienerinnen, in dem Garten harrte, daß der König käme, ihr zu verkünden, was beschlossen worden. Und sie beneidete ihn, daß er handeln konnte, während sie die eigene feurige Seele nur in der unbeachtetsten aller Künste, dem tatenlosen Warten, üben durfte.

Schwüler und beklemmender noch als sonst dünkte es die Königin heute in der Stille des alten Gartens, und gefolgt von den schwarzäugigen Mädchen, trat sie auf einen freien Altan am Ende der Allee blühender Mangobäume, zu sehen, ob dort vielleicht etwas frischere Luft wehe.

Von hier aus bot sich ein weiter Ausblick, und man gewahrte, daß der Garten, von Mauern gestützt, am Abhang eines Abgrundes lag. Jäh senkten sich die Felsen hinab in die Tiefe, doch das Dräuende der Lage war verhüllt durch zahllose Blumen, die in daseinsfroher Üppigkeit zwischen dem Gestein wucherten. Ganze Schleier weißer Sternenblüten hatte duftender Jasmin über die Klippen der schaurigen Schlucht gebreitet, und gleich blaßlila Schatten lagen Klematis an die Bergwände geschmiegt. Unter diesem Gewebe tropischer Ranken mit ihren vielfarbigen leuchtenden Blumen verschwanden die zackigen Spitzen und unheimlichen Klüfte, gleich furchtbarer Wahrheit hinter einem Netze süß betörender Lügen.

Von der Höhe des Altans schaute die Königin hinab in die Schlucht. Und weiter schweifte ihr Blick über das helle Grün wogender Zuckerrohrfelder tief unten in der Ebene und verlor sich im bläulichen Dunste, der den fernen Ozean verbarg. Das überreiche Naturleben um sie her, dies gedankenlose Keimen und Wuchern, wo immer nur sich ein Fleckchen Erde fand, um Wurzel zu fassen, diese Blüten, die aus totem Geäst noch Nahrung sogen oder an langen Fäden in der schwülen Luft hingen das alles empfand die Königin als ihrem Wesen heute ganz besonders fremd, und sie wehrte sich dagegen wie gegen etwas Feindliches, nicht wollend, daß der gefährliche Zauber dieser daseinstrunkenen Welt, der in tausend süßen Düften schmeichelnd zu ihr aufstieg, ihren Sinn betöre. Sie floh davor in das kühle Reich der eigenen Erwägungen. Absichtlich die Augen gegen die innerste Natur des Landes verschließend, sann sie grübelnd nach, wie des Königs Macht wohl zu befestigen wäre, auf daß sie beide ihre Bestimmung erfüllen könnten, mit ehernem nordischen Willen dies Volk zu höheren Zielen zu leiten.

Etwas abseits lehnten unter den blühenden Mangobäumen die schwarzäugigen Dienerinnen. Aus dem keimüberfüllten Boden schienen sie aufzusteigen wie die Pflanzen, seltsamen Blumen gleich, die sich zu bewegen vermöchten. Abhold waren sie allem Grübeln über der Menschen Bestimmung und Ziele, dehnten lässig die geschmeidigen Glieder, sahen, wie die ganze übervolle, lebenwollende Natur um sie her, Erfüllung des Geschickes nur in der ewig erneuernden Liebe. Anderes Sehnen kannten sie nicht.

Zuweilen schauten die Mädchen scheu nach der fremden Frau aus dem Norden, doch als sie gewahrten, daß diese, wie es oft geschah, sich in tiefes Sinnen verloren, begannen sie untereinander leise zu flüstern. Uralte Sagen des Landes erzählten sie sich, und alle handelten sie von der Liebe und von dem Tode.

An der Königin Ohr drangen die Laute, aber sie achtete ihrer anfänglich nicht und empfand den Klang der süßen, jugendlichen Stimmen nur wie eine leise wiegende Begleitung zu der stürmenden Melodie eigener Herzenstöne. Doch einige Worte, die sie deutlicher vernahm, drangen bis zu ihrem Bewußtsein, hielten die eilenden Gedanken gefangen. Sie lauschte und fragte dann: »Was redet Ihr, Mädchen?«

Maria del Carmen, die glutäugige, antwortete: »Maria de los Dolores erzählte uns eben eine Sage von der Liebe.«

»So eine traurige Sage,« hauchte die schmachtende Maria de la Soledad.

»O Mädchen, was wollt ihr nur immer mit der Liebe!« sagte die Königin spöttisch.

Doch die sanftblickende Maria de la Merced warf schüchtern ein: »Ach, Königin, in meiner Heimat, drunten am Meeresstrand, sagen sie, die Liebe allein mache das Leben wert, gelebt zu werden, und Schöneres gäbe es nirgends auf Erden, auch nicht jenseits der Ozeane, von wo Ihr gekommen seid.«

»Wir haben die Tat und die Kraft und das Streben,« antwortete die Königin, »was wißt Ihr hier davon? - Doch,« setzte sie hinzu, »Maria de los Dolores mag uns nun die Sage erzählen.«

Die Königin hatte sich auf eine der alten Steinbänke des vorspringenden Altans gesetzt. Marmorgleich hoben sich die Umrisse ihrer weißen Gestalt von dem Himmel ab, den die sinkende Sonne golden und rosenrot malte. Maria de los Dolores lehnte an einem der mächtigen Stämme, die Gefährtinnen zu ihren Füßen gelagert, aufschauend in das Dachwerk verschlungener Äste und tiefgrüner Blätter, hub sie zaghaft an:

»Es ist nur eine ganz kleine Geschichte, o Königin, die die Frauen daheim erzählen, wenn die Mangobäume blühen. Von dem Häuptling Tuspa handelt sie, der beutelüstern den Kriegspfad zu beschreiten dachte. Tuspa bemalte sein Antlitz, daß sein Anblick Schrecken in jedes Feindes Brust erregen mußte, hing den bunten Federmantel um und nahm den starken Bogen mit den weit schwirrenden Pfeilen. Aber Malintzin, sein Weib, sah es mit Kummer und beschwor ihn weinend, bei ihr zu bleiben, denn ein

Traum hatte ihr verkündet, daß Tuspa aus diesem Kampfe nimmer heimkehren würde. Er aber stieß sie zurück, denn sein Sinn war nur auf Raub und Ruhm gerichtet, und er achtete nicht der Frauen ängstliche Warnung. So stürmte er in den Wald, wo die Mangobäume blühten. Doch Malintzin eilte ihm nach, schlang plötzlich die Arme um seinen Hals und küßte ihn. Und dann sprach sie jubelnd, trotz ihrer Tränen: ›Tuspa, mein Herr, nunmehr magst du zum Kampfe ziehen; ehe noch fremder Pfeil dich erreicht, werde ich, die ich ohne dich nicht zu leben vermöchte, schon deiner harren im Reiche der Todesgöttin - denn uralter Priesterspruch kündet, daß, wenn zwei Liebende unter blühenden Mangobäumen weilen, der den andern zuerst küßt, auch vor ihm in den Tod gehen wird. Und ich habe dich unter den blühenden Mangobäumen zuerst geküßt, Tuspa, mein Herr!‹

Als dann nach Monden ein Bote kam, zu melden, daß Tuspa von Feindes Pfeil gefallen, fand er Malintzin nicht mehr: sie hatte den Spruch erfüllt, war dahingesiecht und, ehe noch der Mango Blüten verwelkt, in das Todesreich eingegangen, weil sie ohne Tuspas Liebe nicht zu leben vermochte.«

Maria de los Dolores schwieg. In Maria de la Soledads Augen standen Tränen wie Tautropfen in dunkeln Blütenkelchen, und sie fragte leise: »War so viel Liebe nicht schön, o Königin?«

9

Doch die Herrscherin antwortete: »Eine Närrin war Eure Malintzin, ihr Mädchen! Anfeuern hätte sie ihn sollen und ihm die Waffen reichen, die Neidenswerte, die einen Mann besaß, der nach Kampf und Ruhm verlangte.«

Während die Königin noch sprach, tönten Schritte in der schattigen Allee. Die dunkeläugigen Marien erhoben sich und verneigten sich mit wiegender Anmut gleich bunten Glockenblüten an biegsamen Lianen.

Der König nahte.

Voll sehnsüchtiger Bewunderung hoben die Blicke all der nachtfarbenen Augenpaare sich empor zu ihm. Diesen Töchtern des Südens mochte ihr neuer Herrscher wie ein Gott blassen nordischen Lichtes erscheinen mit dem hellgoldenen Haar und dem weißen Antlitz, in dem große, blaue Augen leuchteten. Seltsam war ihr Blick, als hafte er verzückt irgendwo weit in der Ferne - denn dieser König besaß die Augen derer, die nie die Welt sehen, wie sie in Wirklichkeit ist, und während seine Gedanken fernab schweiften, spielte ein träumerisch weiches Lächeln um seine Lippen, wie es dichtenden Schwärmern eigen, die köstliche Visionen schauen und sie für greifbar halten.

Unendlich fremdartig erschien er in seiner nordischen Schönheit hier in der duftüberladenen Schwüle des tropischen Gartens. Doch während die Königin durch ihre selbstbewußte Überlegenheit und herrische Unrast die Kinder des Landes verletzte, gewann der König manch heißes, südliches Herz durch den Zauber seiner Schönheit, den Glanz seiner Augen, die bestrickende Weichheit seines Wesens. Von der Frau fühlten sich die ihr ungleichen Menschen abgestoßen, weil sie empfanden, daß gerade das tropische Land und die südlich lässige Weise ihr in innerster Seele zuwider waren - in dem Manne aber hatten sie bald einen derer erkannt, die überall auf Erden fremd sind, einen wachenden Träumer, der nur in dem wechselnden Reiche selbstgeschaffener Phantasmagorien heimisch war, und der in all seiner Kraft und Herrlichkeit doch etwas unbeholfen Kindliches bewahrte. Solche Männer aber sind von den Frauen aller Länder und Stände seit jeher geliebt worden, und so gab es denn auch in des Königs Reich manche Hütte aus Palmenblättern und manchen zinnengekrönten Palast, wo weiche Arme, pochende Herzen und zärtliche Lippen sehnsüchtig ihres Herrschers harrten.

Und der König achtete gern der Blumen, die ihm am Wege blühten.

Von Donna Miranda, der schönsten Frau der Insel, wurde flüsternd erzählt, daß der König sie heimlich besuche in ihrem weißen Landhaus oben auf der Hochebene, am Fuß des Gebirges, wo oftmals Jagden abgehalten wurden. - Auch zu der Königin war diese Kunde gedrungen; doch was sie dabei empfunden, hatte sie der Welt verborgen, und wie alle, denen die Gabe der Mitteilsamkeit versagt ist, fand sie nirgends viel Mitleid, man sagte, sie sei ja so kalt wie die schneebedeckten Berge.

Heute sicherlich dachte sie an andere Gefahren.

Als der König freundlich die sich entfernenden Marien gegrüßt, sank er müde auf die Bank neben der Königin nieder. Sein beladenes Herz schüttete er vor ihr aus, die völlige Ermattung zeigend, die mit phantastischen Plänen oftmals bei ihm wechselte. Es lag etwas Knabenhaftes in seinem Drang nach Aussprache und in der Erleichterung, die er empfand, wenn sie seine Sorgen kannte.

Der Königin Stirn verfinsterte sich: Verrat überall und nun noch Gefahr von außen. Die Alten im Rate hatten nur allzu deutlich gezeigt, daß sie die Lage als verzweifelt ansahen; die Feinde des fremden Herrscherpaares mehrten sich täglich, in großer Obermacht stand ihr Heer den Königsanhängern auf der Hochebene gegenüber.

Und der König sprach: »Welch Trugbild hat mich hierher gelockt! Als die fremden Männer kamen, mir die Krone anzubieten, da wähnte ich, daß ein Reich meiner harre, mich mit Jubel zu begrüßen.

Der Wind trieb unser Schiff meiner Sehnsucht nie schnell genug über den Ozean, ich konnte den Augenblick nicht erwarten, mein Land und mein Volk zu erblicken, die ich schon liebte, ehe ich sie kannte. Aber seitdem wir hier sind, sehe ich täglich mehr, daß es ein unheilvoller Irrtum war. Keiner versteht, wie ich es meine, und die mich riefen, fallen zuerst von mir ab. Ich wollte Frieden und Gedeihen bringen, und nun soll um mich Bruder gegen Bruder kämpfen? Lieber als das sehen zu müssen, möchte ich den Rat befolgen, den heute mancher unter den Alten aussprach, und freiwillig verzichten, ehe für mich Blut geflossen. So komme ich zu dir, dich zu bitten: laß uns fort! Drunten im Hafen liegt ein Schiff bereit, und der Weg dorthin ist frei!«

Er sprach es mit geängsteten Augen, als sähe er Unheil in greifbarer Gestalt nahen, und als suche er Hilfe bei der Königin. Doch sie erwiderte unsanft: »Von den Schwächlingen im Rate hast du dich überreden lassen und willst bei der ersten Gefahr aufgeben, was zu erreichen doch unser heißester Wunsch war. Die ganze Welt schaut auf unser Wagnis, und du wolltest weichen?«

»Ach, nicht heute im Rate erst sind mir diese Gedanken gekommen,« sprach der König, »nein, schon längst in all den langsam schleichenden Stunden der heißen schlaflosen Nächte habe ich deutlich erkannt, daß wir nimmer hierher hätten kommen sollen.

Eine Täuschung war es, ein Wahn! Schau hinab hier in die Tiefe,« fuhr er fort und wies auf die jäh abstürzenden Felsenwände, »wie dieser Garten über der Schlucht hängt, so schweben wir über einem Abgrund, den uns Lügen mühsam verbergen. Oft schrecke ich im Schlummer auf, weil mich Angst würgt und erstickt. Oh, laß uns fort, ehe wir zerschmettert versinken.«

»Auch ich«, sagte die Königin, »kenne die langsam schleichenden Stunden der heißen, schlaflosen Nächte, aber schämen würde ich mich, ließe sich mein Wille durch ihre Schreckbilder beugen und lähmen.«

»Ja, du!« seufzte der König bitter, »du bist anders als andere geartet. Dein Wesen ist so stark, daß diese fremde Welt mit all ihren Gefahren dir nichts anhaben kann. Aber schau,« fuhr er weicher werdend fort, »ich bin hier erlahmt und ermattet. Zuerst, als wir anlangten, kam ich mir so stark vor wie ein Albatros, der sich in einen Schwarm Kolibris verirrt hätte, und ich glaubte, riesengewaltige Flügel zu besitzen. Aber ich habe alle Schwungkraft verloren. Die schwüle Hitze, die tausend Düfte, all das Ungewohnte hat sich bleiern auf mich gelegt. Wünsche und Begierden wachsen in mir, die ich daheim kaum kannte, und mir ist, als versänke ich tiefer und tiefer.«

»Ja,« sagte die Königin kalt, »das wird allerdings von dir berichtet.«

Er aber ließ sich nicht durch ihre harten Worte abschrecken, sondern hub nochmals leise und schmeichelnd an: »Du kannst so vieles, vermagst du nicht auch zu verzeihen und zu vergessen? Glaub mir, in Tropenwäldern tut sich so leicht ein Schritt vom Weg, und ich komm heute zu dir wie ein armer Verirrter, der den Pfad zurück angstvoll sucht. Hilf mir! Laß uns diese Insel des blumenbedeckten Unheils verlassen und anderswo das Leben von neuem beginnen! Laß uns nur noch trachten, als schlichte Menschen miteinander glücklich zu sein. Dazu haben wir ja noch nie Zeit gehabt. Ehrgeiz und tausend Pläne gingen dem immer vor - aber wie nichtig das alles ist, das wenigstens hat uns diese Insel gelehrt.« - Er griff nach ihrer Hand, wollte sie an sich ziehen und das Haupt an ihre Schulter lehnen: »Sag, willst du mit mir gehen, willst du mir helfen?«

In seinen Augen lag ein bestrickender Glanz, als solle sie darin die neue Vision schauen, die er eben jetzt erblickte: die Vision zweier glücklicher Menschen. Nur allzusehr ward sie sich unter seinen Blicken bewußt, wie schmerzlich sie ihn liebte. Aber sie wandte sich von dem Bilde, das er heraufbeschwor, wie von etwas Gefährlichem ab, das sie, leise lockend, der Kräfte beraubte. Angeborene Herbe zwang sie dazu und ein bitteres Gefühl der Demütigung, daß er in

15

dieser Entscheidungsstunde an Flucht und genügsames Alltagsglück zu denken vermochte. - Sie hatte es ja erleben wollen, daß die ganze Welt sich staunend beuge vor dem Werte des Mannes, den sie sich erkoren! Aber bei all dem Trachten und Mühen zu seinem Ruhme hatte die Königin stets vergessen, sich des Mannes selbst zu freuen, den ihr so manche neidete, vergessen, daß es die kurzen Augenblicke der Freude sind, die sich kleinen Perlen gleich, aneinanderreihen, bis sie die Kette des Glückes bilden, die an das Dasein fesselt.

Als er nun nochmals leise sagte: »Laß uns hier nicht länger zaudern, hilf uns beiden,« da dünkte ihr seine Stimme die der Versuchung. Sie sah in eine Welt des Verrats und Genusses, und alles um sie her schien zu wanken, wenn ein König von seinem Platze weichen wollte, wo war da noch auf Halt zu hoffen? Sie tastete ins Leere und fand, was ihr seit Jahren als Stütze gedient: Pflichten, heilige Aufgaben. - Worte das, die oft schon geheimste, ehrgeizige Wünsche gedeckt haben! Doch das wußte sie nicht, glaubte wirklich, daß dies ein Augenblick sei, ihr gesandt, den eigenen Wert daran zu beweisen. Da ward sie hart und kalt, wie es ihre Art war zu scheinen, wo sie brennend heiß wünschte, und auf all sein Flehen antwortete sie nur eisig: »Helfen will ich dir auf die einzige meiner würdige Weise, indem ich weiter hier ausharre, wohin Gottes Gnade mich berief. Du aber zieh hinauf zur Hochebene und stell dich den Rebellen entgegen, denn wo eines Königs Federbusch voranweht, folgen ihm immer noch Tausende. - Und nimmermehr laß mich Worte hören, als hätten wir ein Amt, das sich niederlegen läßt: von Thronen steigt man nicht herab - man stirbt auf ihnen.«

Den König fröstelte, als wehe ihm Schneeluft entgegen, und wie so oft schon dünkte ihn die Königin kein lebendes Wesen, sondern eine Gestalt aus kaltem Stein. Er aber war so müde und sehnte sich nach sanften, tröstenden Worten. - Langsam stieg da vor seinen Augen, lockend und verheißend, ein Bild auf: er sah ein weißes Landhaus am Fuße des Gebirges droben auf der Hochebene, drin wohnte eine Frau, die schönste der Insel, die wonniglich warme, die Frau, die seiner stets harrte mit zärtlich geöffneten Armen und wartenden Lippen, die Frau, die weiche, einschläfernde Worte kannte. - An sie wieder denken zu dürfen, empfand der König schon als Trost, und die Königin selbst hatte es ja nicht anders gewollt!

Er erhob sich: »So gelte wie so oft auch heute dein Wille!« sagte er, »ich ziehe zur Entscheidung auf die Hochebene.«

Er beugte sich nieder, um die Königin zum Abschied zu küssen. Doch da, im Augenblick, als sein Antlitz sich dem ihren näherte, war es ihr, als schöbe sich plötzlich etwas ungreifbar Durchsichtiges und doch unerbittlich Trennendes zwischen sie beide. Zu des Königs

17

Augen aufschauend, fuhr sie zurück, denn wie eine Fata Morgana von flimmernder Luft an den azurnen Himmel gemalt wird, so schienen sich durch seltsamen Zauber des Königs Gedanken aus dem Spiegel seiner blauen Augen zu sichtbarem Bilde verdichtet zu haben; ganz deutlich glaubte die Königin zu erkennen, was eine innere Vision ihm eben jetzt vorzauberte: aus seinen Augen gewahrte sie das Abbild der schönsten Frau der Insel, mit den wartenden Lippen und wonniglich weichen Armen!

Da überkam die Königin große Bitternis; doch es war weniger noch die gekränkte Eifersucht darob, daß der König sie küssen wollte, während er einer anderen gedachte, als daß sie glaubte, er hätte sich entschlossen, nunmehr doch zum Kampf im Lande zu verharren, nicht wegen des Gewichts ihres eigenen Rates, sondern wegen der Nähe der anderen. Daß Donna Miranda über einen Teil des Lebens des Königs herrschte, wußte die Königin, und sie ertrug das, ohne sich selbst einzugestehen, wie sehr sie darunter litt; aber daß diese Frau nun gar auf dem Gebiete, das sie als ihr ureigenstes ansah, die Entscheidung in des Königs Sinn geben sollte, das dünkte die Königin unerträglich. Die äußere Gestalt seines Geschicks war ihr ja, was dem Künstler sein Werk ist. Was sie sonst vor allen verbarg und selbst zu vergessen trachtete, jetzt erinnerte sie sich daran, erinnerte sich, daß sie ihn gemacht hatte! Vom träumenden Schwärmer an heimatlichem, nordischem Gestade war er nur durch sie zum

Herrscher dieses Fremdlandes geworden! Sie hatte für ihn gestrebt, ehrgeizig geplant, Freunde erworben und seine eigene Phantasie für die glänzende Aufgabe geweckt. - Früh schon hatte sie ja in ihm den Schwachen erkannt, seine rasche Begeisterung, sein schnelles Erlahmen. Aber nicht zu jenen Frauen gehörend, die es vermögen, sich, einer Mutter gleich, mit Erbarmen über einen Schwächeren zu neigen und ihn zu lieben, wie er eben ist, hatte sie den König stets weiter getrieben und angestachelt. Auf daß ihre Kräfte ausreichten, wo seine versagten, hatte sie in sich selbst hartes Wollen und zähes Ausharren groß gezogen. So hatte hinter all seinen Handlungen stets ihr reger Wille gestanden. - Doch nun in dieser schicksalsschweren Stunde mußte sie es erleben, daß er sich nicht auf ihre Kraft stützte, daß nicht ihr Rat entschied, sondern daß das einer Vision gleich in ihm aufsteigende Bild einer anderen den Ausschlag gab! Sein Entscheid entsprach zwar ihrem eigenen leidenschaftlich geäußerten Wunsche, aber die Frage selbst dünkte sie jetzt plötzlich gleichgültig neben der Kränkung, die Erreichung ihres Zieles dem Zauber dieser Tropentochter zu verdanken. Sie bedauerte nun beinah, daß sie, statt zum Verweilen, nicht zum Entweichen geraten hatte, um erproben zu können, ob ihr Einfluß entscheiden oder die lockende Nähe der andern siegen solle.

Mühsam ihre widerstreitenden Gefühle verbergend, senkte die Königin das Haupt, während der König sich niederbeugte und seine Lippen ihr goldenes Haar zum Abschied berührten.

In diesem Augenblick aber fuhr ein Windstoß mit weithin hallender Klage durch die schwüle, träge Luft und schüttelte rauschend die Zweige der alten Stämme - und von den Mangobäumen fielen, einem Regen gleich, die kleinen Blüten auf die Königin herab. Da entsann sie sich der Sage von Tuspa und Malintzin, und sie glaubte wieder die Worte zu hören: »Wenn zwei unter blühenden Mangobäumen weilen, wird, der den andern zuerst geküßt, auch vor ihm in das Todesreich schreiten.« - Es erfaßte sie plötzlich eine namenlose Angst; sie wollte aufspringen, dem König nacheilen, ihn festhalten, ihn rufen und sie vermochte doch nicht sich zu rühren, nicht die Lippen zu bewegen.

Als der Wind nun durch die Zweige rauschte und die Blüten auf sie herabstreute, war es, als wehe er mit ihnen der Königin neue Gedanken zu, die sie früher nie gedacht. Sie fühlte sich beklommen von dem, was sich auf sie herabsenkte. Mit der Hand strich sie über ihr Gewand, um die vielen Blümchen wegzustreifen, aber immer neue rieselten auf sie herab, bis sie es schließlich aufgab und regungslos sitzen blieb in dem duftenden Regen. Und mit den Gedanken ging es wie mit den Blumen; sie suchte gegen sie anzukämpfen, aber sie ließen sich nicht fortscheuchen die Königin mußte auch ihre Flut über sich ergehen lassen.

Aus dem Abgrund, über dem jetzt abendlicher Dunst lagerte, stiegen einzelne große Vögel auf. Sie hoben sich lautlos, hingen mit weitausgestreckten Schwingen einige Augenblicke in der Luft und tauchten dann wieder unter in das Gewirr der Äste und Lianen. Und so wie die dunklen Vögel aus dem Abgrund, stiegen aus der Königin Herz bange Fragen empor, standen wie dräuende Schatten vor ihr und versanken dann in der Tiefe, um andere erstehen zu lassen.

Den Zweifel hatte die Königin bisher nicht gekannt, denn es war ihr von klein auf gelehrt worden, sich vom Zweifel als von etwas Verderbenbringendem abzuwenden; es war ihr nie gesagt worden, daß es stets der Zweifel gewesen ist, der zu fortschreitender Erkenntnis geführt hat. Nun stand er aber unabweislich vor ihr und war der Führer all der sie bedrängenden Fragen. Und vor allen anderen stand da die eine: Was sie als von Gott gegebene Pflicht und Mission angesehen, würde es nicht vielleicht dereinst nur als selbstgewähltes Abenteuer gelten? -

Für die Alltagstaten der Kleinen gibt es ein Gut und Böse; aber die Unternehmungen der Größten der Erde bleiben namenlos, bis Erfolg oder Mißerfolg über sie entschieden. Dann werden sie je nach ihrem Ausgang gepriesen oder verdammt. Große dürfen nicht unterliegen - das ist der Fluch derer, die sich über das Maß des Feststehenden erheben.

Und zum erstenmal empfand die Königin die Angst vor dem Unterliegen.

Aber woran lag es, wenn sie in dem Beginnen, an das sie all ihre Kräfte und Wünsche gesetzt, geschlagen wurde?

Sie kannte all die Einwände äußerlicher Natur, die gegen ihr Unterfangen erhoben werden konnten; unheimlicher als je früher erschienen ihr diese Gefahren. Aber eine Stimme in ihrem Innern sagte ihr doch, daß es nicht die äußeren Hindernisse seien, an denen sie untergehen würde, daß sie nur den Anlaß und nicht den tiefinnersten Grund bildeten. Sie erkannte, daß es keine Schwierigkeiten gibt, für die sich nicht auch Persönlichkeiten finden ließen, sie zu überwinden. Aber wie war die Persönlichkeit, die hier den Schwierigkeiten gegenüber stand? - - Ein leicht zu entflammender Schwärmer, der durch Worte und Visionen in eine Lage gebracht worden, der er nicht gewachsen war. Die Königin hatte früher immer gedacht: nur erst die Lage schaffen, dann würden sich auch bei dem König von selbst die nötigen Eigenschaften einstellen, - sie dachte das von allen Menschen, besonders aber von Königen, - und sie selbst wollte ihm ein unversiegbarer Born der Kräfte sein, drin er stets sollte schöpfen können. Jetzt erkannte sie, daß sie der Natur selbst zuwider gedacht und geplant hatte; denn es vermag wohl eine Frau, von der Kraft eines Mannes getragen, sich zeitweilig über sich selbst zu erheben, aber umgekehrt ist das unmöglich. Die Flamme der Inspiration kann die Frau wohl entfachen, aber den frohen Willen zur Tat, die Kraft und stetige Ausdauer muß der Mann zum Werke mitbringen. -

Über ihr eigenes Wesen begann sie nachzusinnen, wie sie so im Blütenregen des Abendwindes saß: was war es eigentlich, das diese rastlose Sehnsucht nach Taten in ihr gezeitigt hatte? Was war sie selbst? War sie die Wiedererstehung einer jener sagenhaften Königinnen, die einst im uralten Indien ihre Heerscharen selbst in den Kampf geführt haben? Oder war sie vielmehr eine verfrühte Erscheinungsform der künftigen Frau? -

Harrend und bangend saß die Königin noch manchesmal im versiegenden Tageslicht auf der Steinbank im Garten. Regungslos starrte sie hinab in den Abgrund, wo Abendnebel wogten, als erschaue sie dort unten etwas Grauenhaftes, das nichts mehr abwenden konnte. - Schweigsam und scheu nur nahten sich ihr die schwarzäugigen Marien.

23

Da, eines Tages, noch ehe die Mangoblüten alle verwelkt waren, ging plötzlich schaurige Kunde durch aller Mund; und nun kamen auch schon, entwaffnet und ermattet, die ersten Flüchtlinge. Die erzählten: des Königs Heer gesprengt und geschlagen, der König selbst, zu Tode verwundet, von seinen letzten Getreuen aus der Schlacht herausgetragen zu einem weißen Landhaus am Fuße des Gebirges; dort sei er aufgenommen worden von der Herrin des Hauses, die ganz allein da weilte, während all ihr Gesinde aus Angst vor der Schlacht in die Berge geflohen war; die einsame Frau habe über des sterbenden Königs Todesnot gewacht.

Das war das letzte, was die Königin je mit klarem Bewußtsein vernahm. Es brachen daran ihre stolze Kraft und ihr eherner Wille. Sie verstand nichts mehr - es war nur noch wie ein dumpfes Empfinden, als ob sie aus dem Garten in den Abgrund sänke, tiefer, immer tiefer hinab. - Sie hatte nicht mehr gehört, daß die Flüchtlinge das Nahen von Verfolgern meldeten, die sich der Königin bemächtigen wollten; sie erfuhr nie, wie einige letzte Anhänger sie an die Küste hinab und auf ein Schiff gebracht hatten - dasselbe Schiff, auf dem sie einst mit dem König vom nordischen Heimatsgestade ausgefahren war zu der Insel des blumenverdeckten Verderbens. Mit schwarzem Wimpel segelte es nun zurück über den Ozean und trug die vertriebene Königin heim in ihr einsames Schloß an öder Felsenküste. Sie aber ahnte nichts von Reise und

Heimkehr, war tot und konnte doch nicht sterben. Der Geist, auf den sie sich stolz verlassen, war dahin, als sei er nie gewesen; doch der Leib, den sie stets gering geachtet, der bestand weiter, klammerte sich ans Leben und wollte nicht davon lassen.

Seitdem sind viele Jahre an der Königin vorbeigeschlichen. Die Laute der Welt tönen nicht mehr zu ihr. Still ist es hinter den vergitterten Fenstern in dem düstern Schloß. Und niemand kommt, und keiner fragt nach ihr.

Aber die letzten schwachen Wellen des großen heißen Meeresstromes, der den kalten Ozean seit Äonen durchquert, die dringen auch bis zu der fernen rauhen Küste, wo sich in Klippeneinsamkeit das Schloß der entthronten Königin erhebt. Und wenn dort oben im Norden die langen hellen Tage leuchten und auf den Felsen die Moose grünen, dann ist es zuweilen, als trügen jene warme Wellen einen schwachen Duft von ferne her mit sich ans Land - wie einen Gruß von keimüberfüllter Erde, von schillernden Blumen, die in schwüler Luft an schmiegsamen Lianen schwingen. An solchen Sommertagen mag es geschehen, daß in der Königin umnachtetes Gemüt ein Schimmer schwachen Lichts gleitet. Durch die blassen Nebelschleier, die vor ihr über Abgrundtiefen lagern, geht ein Wehen und Wogen, und es steigen verschwommene Umrisse empor, wie matter Abglanz von längst Geschautem. Die

Königin streckt sehnsüchtig die Hände aus nach den dämmernden Bildern, die vor ihr auftauchen, und die so schnell im Dunst verwehen - eben noch wähnte sie Blumen zu sehen - viele, viele Blumen und einen fernen Garten - wo einst die Mangobäume blühten ...

War das je Wirklichkeit? ... Hat sie es alles nur geträumt? ...